# Little Twin Stars × Alain

## KiKi 讀

Ichigo Keywords

## 為生命帶來幸福的思考練習

朝日文庫編輯部—著　　三麗鷗—肖像著作　　陳瓃—譯

序言

想變得「幸福」——
這是人們在無論哪個時代都會抱持的願望。

Kiki＆Lala手中的書，
是在二十世紀初葉，由法國哲學家阿蘭所創作的
《幸福論》。
這本書被譽為世界三大幸福論之一。

阿蘭所誕生的時代，
讓他歷經了兩次嚴重的世界大戰。
社會應有的狀態與原有的價值觀受到震撼。

在所有人都認為社會環境惡劣、
放眼一切皆為灰暗的那個時代，
眾人只顧沉浸於深感自己不幸的思緒之中。
而阿蘭為了把他們從那種念頭中解放出來，
告訴人們必須注意到那些近在眼前、
理所當然的幸福才行——

請各位打著呵欠、心境悠閒地，
試著跟Kiki＆Lala一起走上
這93則能令你感受到幸福的旅程吧！

**KEYWORDS**

27 你對待他人的那份親切，
也會為你自身帶來幸福唷。

28 在心懷煩惱之際，就去喝碗美味的湯吧。

29 你若想讓心情明朗，就去拉開窗簾試試吧！

30 試著打個「呵欠」吧。
你看，心情是否也跟著輕鬆起來了呢？

31 幸或不幸，
說到底還是取決於你的想法。

32 喜歡自己的人們，也會受到別人喜愛。

33 首先，起身行動是最重要的事。

35 請不要對他人說的任何言語感到在意，
你的人生只專屬於你。

36 負面的預想一定會成真，
這是因為你的心態使得行動受限。

37 未來是無從預測的。
所以，現在就好好努力吧！

38 不將失敗怪罪給他者的人們，
是能夠自立自強的人。

39 渺小的努力將會造就豐碩的成果唷。

40 不用鼓起翅膀飛翔也沒關係，
只要你不放棄前行，總有一天一定能抵達目的地。

41 做人不要貪婪，
因為你已擁有他人所沒有的東西。

42　假若你認為自己辦不到某件事，那就真的會無法做到喔！

43　今天的一舉一動，造就著明日的你。

44　適度的距離感，是維持良好人際關係的秘訣。

45　若能明白自己是最重要的存在，
　　你也能夠珍視周遭的人們。

46　別再憂心忡忡了，一起歡笑吧！

47　我要成為這樣的人──別老是把這種念頭藏在心裡，大聲喊出來吧！

48　就連愛情這檔事，也是需要努力經營的。

49　不論你面對的是手足、親友、配偶或是戀人，都必須予以體諒。

50　將你的精力投注於實際行動，而不是思考上吧。

51　有趣的事物就在你眼前喔。

52　走出戶外活動筋骨吧，無聊只會讓你產生負面思考喔。

53　數數看你有多少想做的事吧。
　　如此一來，是不是打發了無聊的時光呢？

54　若是自己做的決定，就能付出努力。

55　當你全心全意埋頭苦幹的時候，就不會去思考無謂的事情。

56　工作時就按照自己的想法執行吧，
　　否則一想到是被逼著做的話，就只會感到痛苦。

58　倘若實際動手去做，你一定能感受到許多快樂。

59　現在所有的辛勞以及不安，都是為了讓你品味到幸福的調味料喔。

60　想要提升自己的想法，
　　就是通往幸福的第一步。

61　別把工作當成被逼著做的事，
　　要是認為它是你分內的責任，就會做得更好喔。

62　不去嘗試著手進行，就無法體驗到工作的快樂之處。

63　讓自己專心致志吧！
　　這就是工作所帶來的歡樂與幸福。

64　想太多也等同於一種病。
　　在你染上這種病之前，先起身行動。

65　雖然五花八門的東西會讓你眼花撩亂，
　　但專心品味一件事將更加對你有益。

66　不管是對過去的後悔，或是心繫未來的擔憂，
　　這些都只會存留於你的腦海中。

67　「今天也會是美好的一天」，要是大聲說出這句話，
　　就會使你的身體從一早開始就感到很輕鬆喔。

68　談喜不說憂。

70　即使沉浸於悲傷之中，情況也不會推進分毫。
　　來，再度踏出你的步伐吧！

71　悲傷與後悔帶來的只有虛無。

72　別再同情你的朋友了。

73　苦痛具有感染力，
　　你得培養出能耐受自身傷悲的力量。

74　悲傷無法與人共有，但快樂卻能互相分享。

75　回憶的誕生永不停歇，而它們將逐漸成為你的支柱。

76　要是遇到痛苦就以笑容面對它吧。
　　笑談它的愚蠢，如此拋諸腦後。

77　憑藉工作來忘卻事情也是個好方法喔。

78　幸福這件事，能讓你眼中的世界更加美麗。

79　你該解決的東西，唯有位於眼前的事物。

80　人總是會遇到消沉的時分。

81　不要停止激勵自己。

83　弱小的心靈總想擅自安於現狀，要怎麼整頓它呢⋯⋯

84　即便悲傷會自然發生，但快樂就只有自己能夠製造。

85　就算事情發展不如預期，也不要慌張。
　　焦躁只會讓結果變得更加糟糕。

86　讓人露出笑靨是比自己掛上笑容更簡單的事。

87　說壞話是一種只會對人造成傷害的行為。

88　跟傳染悲傷比起來，你更該散播的是喜悅。

89　如果感到心情好像要開始不佳，就做個深呼吸吧。

90　請將能讓自己打起精神的「魔法言語」納入手中吧。

91　幸福與愛意也能強健你的身體。

92　並不是因為幸福所以才浮現笑容，
　　而是笑靨為你帶來幸福的喔。

94 預想終歸只是種預測，
所以不要對起身行動心懷恐懼。

95 知道什麼是自己該做之事的人很強悍。

96 「感謝」這份心情，
能為多到令人意外的人們帶來幸福。

97 當你展露笑顏之時，對方也會以笑容回應。
而後，這會讓所有人的笑臉更加燦爛。

98 放鬆身體吧，這麼一來你就能笑得很自然喔。

99 散發輕鬆氛圍的人，能讓周遭的人們感到安心。

100 能夠保持好心情的人，也會讓他人心情愉悅。

101 刻意打個呵欠吧，這麼一來你的心情也會隨之轉換。

102 永遠笑臉迎人，那說不定是一帖萬靈藥喔。

103 所謂幸福，就是人心應有的狀態。

104 擁有非做不可的事，那樣就是種幸福。

105 若是予人幸福的話，自己也會跟著變得幸福。

106 顯示自己正身處幸福之中，就是所謂回應愛情的方式。

107 微小的辛勞，如果不掛在嘴上就會立刻忘記。
所以這就是別發牢騷的原因。

109 不但擁有幸福，還能再將幸福分享出去的人相當厲害，
那樣的人也會從周遭眾人身上得到喜愛。

110 要是不對追求幸福這件事抱持強烈慾望，你就絕對獲得不到它。

請對一切事物保持警醒，
幸福會在你留心的同時造訪眼前。

如果盡想些壞事，事物就會往壞的方向發展。若是往好
處思考，那麼一切就會朝向好的方向前進。所以啊，必
須學會能找出優點的能力才行。

憑空想像而出的病，就算以再美好的事物也無法打動不幸的人，在
這層意思上可說是無藥可醫。而幸福這件事所需的意志之力，遠超
過人類心中預設的範疇。〈憂傷的瑪莉〉

儘管遭逢失敗，
也永遠不要過於在意。

總是會遇上自己力有未逮的事情。在那個時刻來臨之
際，就試著去尋找你能力範圍以內的事，並把注意力轉
移到那上頭吧。

我們之所以會病情惡化都是因為情念的緣故，而那就是從未學過真
正體操之人們的命運。〈刺激〉

今天之所以會提不起精神的原因，
或許是穿了不中意的衣服造成的呢。

所有事物都比你想像中來得簡單。不要過度思量事情不
順利的原因，稍微在淺顯易見的地方做些改變吧。

人們會煩躁不安、脾氣暴躁，常常都是因為他站得太久了。〈名馬
布賽法勒〉

## 你是否患有「寂寞恐懼症」
## 或是「悲觀症候群」呢？

例如寂寞、悲傷以及缺乏同伴等等，會令你產生這些負
面情緒的原因往往是過於執著的思考。只要開始想造成
那一切的原因，就會大幅提升不悅的心情。所以不要正
面迎擊那些事情，請忽略它們吧。

悲傷不過是一種疾病罷了。正因如此，你就別去設想各種道理或理
由，只能將它視為一種病症來忍耐而已。〈快快不樂〉

## 你是不是想得太多了？

心情帶給身體狀況的影響大得出乎意料。當你心情鬱悶的時候，試著刻意活動一下身體是很有效果的行為，不要再毫無所為、快快不樂地煩惱了。

你只不過是不幸地生得聰明，又過於多想自己的事情，還想去瞭解造成自己或喜或悲的理由。〈神經衰弱〉

無論你受了多重的傷，
總有一天會痊癒的。

心靈的傷痕是無形的。因此這雖然會帶給你額外的痛苦，但它就跟身體的創傷一樣，總有一天會自然消逝。由於肉眼看不見情緒上的問題，所以會一直在意著它到底痊癒了沒？儘管如此，還是請你試著忘卻它吧！因為這麼一來，它就會不知不覺地好轉了。

面對激情，我們無計可施。也就是說，這是因為我們無論是喜歡也好、憎惡也好，所針對的對象都不需要擺在眼前。〈激情〉

## 請不要再繼續澆灌會萌發不幸的種子了。

會發生不好的事情──只要一產生這種想法，壞事就會真的發生喔。你首先要做的事，就是去嘗試相信自己會變得幸福，這麼一來，幸福就會來造訪你。

站在高處之時，那感到恐懼所產生的暈眩，是種貨真價實的疾病。它產生自我們心中模擬他人墜落的絕望掙扎。這完全是想像力所帶來的症狀。〈神諭的末日〉

試著笑一個吧。

你看，對方是不是也展露笑顏了呢？

因為情感是一種會逐漸反映出眼前對象心情的東西，所以你若露出歡快的表情，對方也會漸漸展露笑容喔。

我們這些稱為人的同類，光是憑藉著目睹事情發生，還有對方顯露的感情與激情而已，就足以對彼此造成巨大的影響力了。〈關於想像力〉

要如何才能獲得幸福呢？
你只需針對這件事進行思考。

跟他人做了比較，而認為自己遭逢不幸。你這樣做，就
算只是把這想法放在心裡也會讓情緒變糟而已不是嗎？
請停止繼續思考這些無謂的事情吧。

唯有活人才會懼怕死亡，只有幸福的人才能感覺到不幸的重荷。簡
單來說，人們和自己發生的不幸相比，可能更容易感覺到他人遭逢
的不幸。〈精神上的疾病〉

不要感到害怕，
你一定能成功做到的。

如果表情太過緊繃，身體也會跟著僵硬，讓你變得無法
隨心所欲地行動。笑一個吧，然後嘗試開口說出「事情
會順利的」。

從馬背上墜落的恐懼，是發生於我們因為害怕掉下地面而隨便亂動
的緣故。〈煩惱的男人〉

## 你的態度是否總是處於承受的一方？

只要一想起不好的事情，就無法將這念頭拂去。無論你聽到多麼出眾的建議，也會把它當成耳邊風。到頭來，說不定僅只是你的心情決定了這些事物而已。

所有身體障礙的來源幾乎都不是別的，全是我的防備和擔心本身所製造出來的症狀。因此，首要又最為確實的療法，就是別再對胃病或腎臟病產生比患上雞眼更嚴重的恐懼了。〈醫藥〉

## 板著一張臉，
## 只會讓你的心情更加沉重罷了。

你那張嚴肅的臉，影響的不只是周圍眾人的心情，也會
使你的心情變得陰鬱喔。

鬱悶的人會採用適合維持憂鬱的坐姿、站姿，以及說話的方式。而
煩躁的人則會用另一種適宜保持煩躁的方式，來捆住自己的身體。
〈微笑〉

你之所以會感到恐懼，
是因為還未著手實行。

在動手做任何事情之前就想東想西的，容易使你將事情
往壞處想。你啊，先去做做看再說嘛。

恐懼的來源，就是你的想像力在作祟。〈意外〉

## 不可以在動手去做之前，
## 就把失敗掛在心頭。

在你開始著手於某件事之前，無可避免地會設想到失敗
後的結果。然而，只要一往那方面思考，就會讓你的念
頭糟到毫無止盡。在煩惱這些事以前，先動手去做吧。

由於這樣的想法，讓我認為人們並不相信死後的生命真的存在。然
而，在倖存者們的想像之中，死者絕對從不曾停止逝去。〈慘劇〉

當你活動身體的時候，

心中的不安是否就會煙消雲散呢？

有些時刻會讓你感覺自己確實地往目標前進。例如在製作某些東西，或是拚了命工作的時候，你就不會產生多餘的念頭了對吧？

靠自己幹活的人們之所以顯得平和，這項事實絕非偶然，而是因為他們無時無刻都在贏取勝利。他們所度過的時光是充實且肯定的，從無間斷地征服著死亡。〈關於死亡〉

你對待他人的那份親切，
也會為你自身帶來幸福唷。

在你對他人展露微笑、親切以待之際，並不會感到惱怒
吧？這樣啊，就等同於溫柔地對待自己喔。

禮貌的習慣對我們的思考具有相當的影響力。假使我們表現出溫
柔、親切和愉快的模樣，這種做法對不悅的心情，甚至對於胃病的
助益絕對不小。〈態度〉

在心懷煩惱之際，
就去喝碗美味的湯吧。

心中充滿煩惱，你就會想不出好的解決辦法喔。更重要
的是，嘗試走出戶外活動身體、吃點美味的東西來轉變
心情吧。

當你為某件事感到憂慮的時候，別去思考其中的道理比較好。這是
因為那些道理會反過來攻擊你自己。〈體操〉

你若想讓心情明朗，
就去拉開窗簾試試吧！

煩惱這種東西，往往會讓你希望能想出解決辦法才行。
不過，更簡單更好的方法，就是做出能讓自己變得積極
的行動。好比說，僅僅是沐浴在早晨令人舒服的陽光
下，就能改變你的心情。

一個極度焦躁的人企求能得到內心的平靜，雙膝跪地。而後，如果
他跪的姿勢正確，也就是說——他擺出了能夠消解憤怒的姿態的
話，當然能夠得到安穩。而他會說，自己感覺到一股極為慈悲的力
量把他從困擾中解救出來。〈祈禱〉

試著打個「呵欠」吧。

你看，心情是否也跟著輕鬆起來了呢？

　　要是先做個呼吸，把空氣深深地吸到肺部裡頭，你也一定能輕鬆忘卻不悅的心情。保持從容的狀態，是一件非常重要的事喔。

　　打呵欠並不是一個疲憊的徵兆，不如該說那是種透過將空氣深層地送入內臟，給予人們那被注意力和爭論所奪走之心神的休憩。〈打呵欠的方法〉

幸或不幸，
說到底還是取決於你的想法。

因為無論任何時刻，你都會被自己的思緒所左右。請你
用愉快的想法來保持心情，這麼一來，它將會帶給你真
正的快樂。

要抵禦寒冷的方法只有一種，便是滿足於寒冷這件事情。〈不悅〉

## 喜歡自己的人們，也會受到別人喜愛。

面對莫名難以相處的對象時，要知道對方往往會存在跟你相同的缺點。因此，先從原諒自己的缺點開始著手吧。

儘管原諒脾氣暴躁的自己最為必要，但人卻很少會這麼做。但若想到原諒別人，那麼原諒這樣的自己常常是願意寬恕別人的首要條件。〈個性〉

## 首先，起身行動是最重要的事。

一旦開始前思後想，就會讓你沒辦法完成任何事情。所以，要是想做某件事的話，就要先動手執行。

簡而言之，不管以什麼樣的形式都無所謂，出發是必要的事情。你要做的只是去思考該往何處去，這樣就可以了。〈宿命〉

請不要對他人說的任何言語感到在意，
你的人生只專屬於你。

你每天都會聽到許許多多來自人們的意見對吧？然而倘
若過度聽取那些話語，就會令你什麼事情都無法完成
喔。

一個膽怯的人，想要藉由跟他人的交際來傾聽、收集、解釋所有的
事情。〈預知的靈魂〉

負面的預想一定會成真，

這是因為你的心態使得行動受限。

一旦預想糟糕的結果，就絕對會招致它發生。所以啊，
這是因為你做出那般思考之際，被「會發展成那種結
果」的心態給束縛住了。無論戀愛也好、工作也好，不
都是相同的嗎？

我們說著「我就是這樣，我也拿自己沒轍」，向自己施下某種咒
法。這也是眩暈的一種，它能使預言成真。〈我們的未來〉

未來是無從預測的。

所以，現在就好好努力吧！

將來會發生什麼事情，沒有人會知道。正因如此，不要
去在意他人的言語，拚盡全力做好自己眼前的事情吧！

我注意到無論對誰來說，那些發生在其身上的重大事件，都是當事
者無法預料到的事情。〈預言〉

不將失敗怪罪給他者的人們，
是能夠自立自強的人。

把失敗怪在別人頭上這件事，就等於將自己的人生委由
他人掌管。因為是自己的人生，所以不管是好或壞的時
刻，都以自己的力量邁步向前吧。

那些向著自己以外的地方找藉口的人，反而絕不為此感到滿足。但
能直接面對錯誤的人會說「我那時還真是蠢」，並消化吸收那個錯
誤的經驗，重拾力量和歡欣。〈赫拉克勒斯〉

## 渺小的努力將會造就豐碩的成果唷。

絕對不要輕視涓涓滴滴的微小努力，繼續加油吧。因為
即使無法立刻看到成果，但開花結果的那一天總會到
來。

命運是不斷變動的東西，即便一彈指頭，也會創生出新的世界。不
管多小的努力，都會孕育出無盡的結果。〈榆樹〉

不用鼓起翅膀飛翔也沒關係，
只要你不放棄前行，
總有一天一定能抵達目的地。

從你現在站的位置，離「成功」還有一段很遙遠的路
喔，所以你沒有必要飛上天空。因為儘管步伐緩慢，但
只要你不放棄行走，就絕對會到達目標。

人們所想要的東西就像一座山，它不會逃跑，只就在原處等著。但
正因如此，人們必須攀上山嶺。〈對野心家的演説〉

做人不要貪婪，

因為你已擁有他人所沒有的東西。

嫉妒他人是毫無意義的，因為你擁有許多他人所沒有的
東西。只要砥礪磨練你原有的特質就好了！

很多人會埋怨自己缺這個、少那個的，但他們之所以會那樣說的原
因，往往是因為他們並不真的渴求那些東西。〈關於命運〉

假若你認為自己辦不到某件事，
那就真的會無法做到喔！

當你經歷多次失敗之際，就會深深相信自己反正就是辦
不到。而那份堅信，會令你逐漸無法自由行動。從一點
一滴的進步中去累積力量吧。

習慣是一種偶像，我們藉由服從它來得到力量。〈忘卻之力〉

## 今天的一舉一動，造就著明日的你。

儘管我們並沒有意識到，但卻總是不停地做出各種選擇。就在你連那份抉擇會改變你的未來都不知道之際……

在來世之中，所有人連遵照自己的選擇，甚至遵循自己訂下的律法都會遭受懲罰，那便是我們正毫無止盡滑向的未來本身。〈在大草原上〉

適度的距離感，
是維持良好人際關係的秘訣。

由於彼此太過熟稔，任性與依賴也就會應運而生。也會
因為撒嬌的舉動，而讓人與人之間的關係產生摩擦。在
人際關係裡保有適度的關懷，人人才能用最愉快的心情
度過相處的時光。

倘若與那些並不過度熟悉的人們生活，應該很容易才對吧。大家各
自都會控制自己的言語以及舉止。〈與鄰人的感情〉

若能明白自己是最重要的存在，
你也能夠珍視周遭的人們。

只要自己總是為諸事忍耐，就會產生希望他人也該跟你
一樣的想法。倘若認為自己是幸福的，那麼便會想要其
他人也能得到幸福喔。

這會讓每一個成員都深覺自己心胸寬大，且帶著確信反覆地思量
——「不該只為自己而活，必須處處為他人設想」。〈在家庭中〉

## 別再憂心忡忡了，一起歡笑吧！

說不定你懷著溫柔關懷的心情、讓對方知道你在為他擔心的這個舉動，只會觸發那個人負面情緒的開關而已。更好的做法，就是讓對方的心思正面積極起來吧。

我們得到的教訓就是——千萬別在別人的面前說他氣色欠佳之類的話。〈關懷〉

## 我要成為這樣的人——
## 別老是把這種念頭藏在心裡，大聲喊出來吧！

好比說，為了想一直跟朋友維持良好關係、與情人幸福
地相處，還有整個家庭能夠和樂圓滿。你該做的第一件
事，就是以想擁有這一切的態度說出這些話，並嘗試展
開行動吧。

婚姻並不該站在意志的觀點上來解決。正因為置身於婚姻之中，人
才會與自己立下約定，要平心靜氣地將這段婚姻保持得好好地。
〈家庭的和平〉

就連愛情這檔事，
也是需要努力經營的。

對他人產生的愛情或友情，並不是一開始就存在，而是
由你逐步建構出來的關係。正因如此，它能被你塑造成
任何形式。

像是婚姻，或所有跟人際關係扯上邊的事物都更加如此──這些事
情都不是為了被品嘗或忍耐才存在，而是該受到栽培的東西。〈關
於私生活〉

不論你面對的是手足、親友、配偶或是戀人，
都必須予以體諒。

或許因為這些都是你最為親近的人，而對他們什麼話都
會說出口，但只要稍微增添一點體諒，就一定能讓彼此
相處得更為融洽。

正是因為如此，只要彼此仍然相愛，禮儀仍是比心情來得更為真
實。〈夫妻〉

將你的精力投注於實際行動，
而不是思考上吧。

一旦你光想不做，失敗跟風險就會屏蔽你的視野，在做
之前就已精疲力盡。更好的做法，就是把精力耗費在起
身行動之上吧。

思考這檔事，是一種未必稱不上健全的遊戲，一般人只是不停兜著
圈子無法前進。〈倦怠〉

## 有趣的事物就在你眼前喔。

即使沒有特意出門旅行，但若是改變回程的路線就能見到陌生的景色，這麼做就能享受旅行的氣氛不是嗎？是的，如果想要尋找樂趣的話，數不清的歡樂就存在於你的身邊。

然後，他會坐在等同於被關進某種監獄的座位之中，一面搓揉著被包廂擠破皮的膝蓋，一面說著這些話吧──「這些割稻者全都唱走調了，不過舞台布景還不錯」。〈速度〉

## 走出戶外活動筋骨吧，
## 無聊只會讓你產生負面思考。

人們一旦感到無聊，就會去尋求刺激。若是只靠空想來
找尋刺激，首先冒出來的似乎會是令你生厭的念頭。而
更佳的做法，就是走出戶外、活動筋骨來發洩這些無聊
的情緒吧。

那些人為了擺脫無聊，而故意讓自己惹上會令他們沉淪的擔心與怒
火。〈賭博〉

數數看你有多少想做的事吧。

如此一來，是不是打發了無聊的時光呢？

當你感到無聊的時候，就會冒出負面的念頭。嘗試開始思考今後想做的事情吧，這一定能讓你注意到自己沒有時間可以浪費。

然而，一旦物質生活像這樣貨真價實地受到保障，你也別忘了即使如此，所謂的幸福依然必須要親手建構才行。當自己的心中不再需要為財產擔憂，就會被倦怠伏擊，沒多久便會遭受控制。〈期待〉

## 若是自己做的決定，就能付出努力。

一旦你模仿別人的行動，就會很快地感到厭倦。去著手那些你真正想做的事情吧，這麼一來，儘管感到辛苦也能夠努力下去唷。

人類想要自主性地採取行動，不願去默默承受。那許多照著自己意願吃下許多苦的人也一樣，他們恐怕絕不會喜歡被強制進行的工作。〈做出行動〉

當你全心全意埋頭苦幹的時候，
就不會去思考無謂的事情。

如果不顧前後地對眼前的事情展開行動，就不會產生後
悔或擔心這些多餘的念頭。那也是幸福所呈現出來的其
中一種形式喔。

為什麼要發動戰爭呢？這是由於人類全心沉溺於行動當中。他們的
思想好比是電車上的燈，一旦車子發動便跟著調暗光線。〈行動之
人〉

工作時就按照自己的想法執行吧，
否則一想到是被逼著做的話，
就只會感到痛苦。

工作時採取自己所做的判斷來行動，會令人感到快樂。
因此，若是想到這一切都只是遭到逼迫而為之，不管做
什麼都會使你覺得無味及難受。

無論何種職業，只要能夠自主支配它便會令人愉快，若自己必須服
從就會感到不悅。〈第歐根尼〉

倘若實際動手去做，

你一定能感受到許多快樂。

不論何種工作，只要懷著自主性並全力以赴的話，就會
發現其中的愉悅之處。簡而言之，即便是被授予的工
作，也能令你欣賞到其中的趣味。

行動中的確能衍生出龐大的快樂。然而，認為行動是為了享樂是錯
誤的。這是因為──快樂伴隨著行動而生。〈利己主義者〉

現在所有的辛勞以及不安，
都是為了讓你品味到幸福的調味料喔。

假使你與生俱來就擁有一切，那麼就不會動手努力。你
所欠缺的東西會驅使你展開行動去追求它。而視你採取
的行動而定，這也能夠讓你獲取幸福。

所謂的幸福，無疑地總是需要一些焦慮、少許激情，以及一點點小
小的痛苦為前提，以讓你保持警醒。〈無聊的國王〉

想要提升自己的想法，
就是通往幸福的第一步。

若你認為事情進行得不順利，這就表示你還有對此下工
夫的餘地。而你為此所下的苦功，就是真正的快樂、充
實，以及幸福喔。

我所指的是自由的工作，它既是力量的泉源也是結果。讓我再次強
調，重要的不是勉強忍受，而是積極地採取行動。〈亞里斯多德〉

別把工作當成被逼著做的事，
要是認為它是你分內的責任，
就會做得更好喔。

不管怎麼進行都很順利、無論做了何事都能得到成果
──只要你不斷想方設法，就一定能感受到做這些事情
的價值。改變你的心態，讓自己對任何事情都能懷抱這
種想法吧！

人們要是能在自己的土地上耕作，務農便是最愉快的工作了。人們
能不斷地從工作中看見成果，從工作的開端想到延續下去的事務。
〈幸福的農夫〉

**6I**

不去嘗試著手進行，
就無法體驗到工作的快樂之處。

在動手之前，你絕不會知道這是件有趣或是無聊的事，
總之就先展開行動吧。若是更進一步來說的話，事物會
因為你致力的方法而定，全部都能變得很令人快樂喔。

實際執行事情的幸福絕對不如你所設想的那般，而那也不是能夠被
想像出來的東西。它必定是具有實質內容的物體。〈工作〉

讓自己專心致志吧！

這就是工作所帶來的歡樂與幸福。

薪水並不是能讓你快樂工作的因素對吧？帶給你快樂的
是那個令你沉醉其中的瞬間。它會產生足以使你這麼做
的意義，並讓你從中感受到幸福不是嗎？

讓你瞭解勞動愉悅之處的原因，在於它自己本身所帶來的意義，而
不是從該處衍生出來的利益。〈勞動〉

想太多也等同於一種病。

在你染上這種病之前，先起身行動。

只要你一過度思考，情緒就會變得負面，並且令你的身體不斷地益發僵化、無法行動。動不起來的身體等於是一種疾病，在你患病之前動起身體、展開行動吧。

因為思想本身變得狹隘的說法，或是有人說是折磨自己肉體的行為，指的都是同一件事。〈放眼眺望〉

雖然五花八門的東西會讓你眼花撩亂，
但專心品味一件事將更加對你有益。

比起表淺地享受許多事情，鎖定一件事物並仔細感受它
才能帶給你富足的體驗。即使你接連不停地在各地之間
迅速旅行，也是會有留不下任何回憶的情況對吧。

重點在於，選擇一幅會變化的豐富景色。這麼一來，就能免於沉睡
於習慣之中。我應該進一步補充一句話，隨著人們學會如何把世界
看得更美的方法，不管怎樣的風景裡頭都蘊含著無窮的趣味。（旅
行）

不管是對過去的後悔，

或是心繫未來的擔憂，

這些都只會存留於你的腦海中。

後悔跟擔心這兩種情緒，都只會在你思考它們的時候存
在，所以它們並不具形體。這些都是你自己要擅自創造
出來、任意折磨自己的東西罷了。唯一真實存在的事
物，就只有你從現在開始展開的行動而已。

過去與未來只存於我們的思考之中，它們僅只是想法，並非事實。
我們在自身之上加諸了許多痛苦，結果為自己平添了悔恨與恐懼。
〈短刀雜技〉

「今天也會是美好的一天」，
要是大聲說出這句話，
就會使你的身體從一早開始就感到很輕鬆喔。

實際說出這句話，就能使這樣的心情倍增。在說人壞話
的同時，也會真的變得很討厭對方不是嗎？所以，讓自
己說出的話僅限於激勵自身的言語吧。

我非常清楚自身的聲音會對自己帶來多麼強大的影響。因此之故，
我希望在面對自己時絕不做一位悲劇演員，而能夠用平實的語氣述
說事情。〈大放厥詞〉

## 談喜不說憂。

不幸會比幸福更容易定居在人們的心中。因此，你只要
談論快樂的話題就可以了。這會趕走你心中的不幸，讓
它無處可棲。

所謂的雄辯，本身就擁有荒謬的力量。這會煽起人們心中的悲痛，
增大悲苦的情緒。〈艾蕾米亞的哀歌〉

即使沉浸於悲傷之中，情況也不會推進分毫。
來，再度踏出你的步伐吧！

有時候飾演一場悲劇的女主角很有趣，無論何者到了那
個時候都能成為知名演員，心想著「自己的斤兩就只是
如此罷了啊」而輕言放棄。別再演下去了，請朝著未來
展開行動吧。

絕望是很恐怖的東西。它本身就能讓產生絕望的原因更加惡化，而
這正是激怒的陷阱。因為處於盛怒之人，替自己主演了一場十分感
動、活靈活現且忠實呈現的悲劇。〈激情的雄辯〉

## 悲傷與後悔帶來的只有虛無。

即便你悲痛悔恨,潑出去的水也收不回來了。而且你一旦開始想它,就會陷入無止盡的反省迴圈中。你不覺得做這種事,實在很浪費時間嗎?

我認為一般說來,包含著激情的行動,都存在著一種對無可挽回之物的反抗。〈關於絕望〉

## 別再同情你的朋友了。

在朋友感到難過的同時，只要展現同情、與之共悲，就
會讓對方認為自己的行為很正當，進而變得無法自拔
喔。更好的做法，就是和對方一起做些快樂的事、共同
變得積極吧。

人們只有在自己懷抱希望時，才能把這份希望帶給別人。〈關於憐
憫〉

苦痛具有感染力，
你得培養出能耐受自身傷悲的力量。

傷悲這種情緒很容易感染到他人的身上。所以，請不要
讓自己沉浸於悲傷之中。為了能夠如此做，積極正面的
行動是很重要的喔。

難以忍受親近之人臉上所顯現的不安、悲傷以及苦惱的人，不該被
稱為薄情。〈他人的不幸〉

悲傷無法與人共有，
但快樂卻能互相分享。

即使嘗試揣測他人的憂傷，實際上卻也會有猜錯的時候
吧。然而一起度過的歡樂時光，會在享受它的那一刻也
讓對方感到愉快喔。

搭乘馬車前往斷頭台的人當然值得同情。不過，假若他心裡掛念著
別的事情，那麼他即使待在馬車裡，也不見得會比現在的我更加不
幸。〈慰藉〉

回憶的誕生永不停歇，
而它們將逐漸成為你的支柱。

從他人口中聽來的珍貴話語，是不是會存續在你心中，
並不斷地鼓勵著你呢？

死者想要活在世上，它們想要在你心中活下去。死者想要的是你以
生命讓它們想要的東西得到富饒的發展，墳墓就是如此地把我們引
領回生命之中。〈死者的崇拜〉

遇到痛苦就以笑容面對它吧。

笑談它的愚蠢，如此拋諸腦後。

被情人甩掉的時候，就回想看看你討厭對方什麼地方
吧。明明就不喜歡那個人，只不過是勉強自己跟對方在
一起罷了——如此笑看自己的行為，遺忘它並向前邁進
吧。

無論如何，你必須一心一意安慰自己才行，而不是任由自身掉進深
淵裡一般投身於不幸之中。而且，那些誠懇地一心想要自我安慰的
人們，將會比他們想像中更迅速地獲得撫慰吧。〈駑鈍之人〉

## 憑藉工作來忘卻事情也是個好方法喔。

你若想要遺忘痛苦，不管利用什麼事物以達到目的都好，因為「忘卻」才是第一要務。在你埋首於工作之中的同時，討厭的心情說不定也會逐漸遠離你喔。

真正的不幸同樣不勝枚舉。儘管這麼說，人們還是一樣變成了某種想像力的俘虜，並因此擴大了那份不幸。〈在雨中〉

幸福這件事，
能讓你眼中的世界更加美麗。

隨著情緒的不同，映入你眼中的景色也會跟著完全改變
對吧？維持著幸福的心情看世界，就是令你變得幸福的
第一個步驟喔。

首先你要讓自己幸福。因為幸福看上去並不是和平所結的果實，幸
福就是和平本身。〈激動〉

## 你該解決的東西，唯有位於眼前的事物。

不安跟恐懼都是讓你把事情看得太嚴重的惡魔。而要令
這些焦慮跟膽怯消失，甚至會需要連勞力都用上。請具
體地去瞭解問題吧，只要思考當下遇到的事情就足夠
了。

嫻熟的決鬥者沒有分毫恐懼。這是因為他很清楚自己跟對方分別在
做什麼的緣故。〈愛比克泰德〉

人總是會遇到消沉的時分。

天氣狀況、睡眠不足以及衣服上的縐褶，都會導致情緒
低落。請你絕對不要想從自己內心深處挖掘出答案！

我認為其中一個幸福的秘訣，就是對自己本身壞脾氣保持漠不關
心。〈斯多噶主義〉

## 不要停止激勵自己。

讓你受創的最大敵人就是自身。你是否常在不知不覺間，說起自己是個無趣的人呢？請你要一直支持著自己！不停地自我鼓勵！

人類除了自己之外，沒有別的敵人。因為人們對自己所下的錯誤判斷、無謂的憂慮、絕望，以及對自己所說的氣餒話，常常使人類成為自己最大的敵人。〈汝需自識〉

弱小的心靈總想擅自安於現狀，
要怎麼整頓它呢……

為什麼負面情緒會比正面情緒更容易教人念念不忘呢？
因為你若不靠自己持續常保堅強的心緒，脆弱的情感就
會開始氾濫。

所謂的期待，就與和平與正義是相同的物品。因為它是人們在產生
某種慾望時，把自己製造的東西作為依據而建築於上的物體，所以
人類光憑著意志以保有期望。相反地，絕望這種東西受到現有事物
的力量所左右，獨自安頓下來並變得強大。〈樂觀主義〉

即便悲傷會自然發生，
但快樂就只有自己能夠製造。

請經常把樂觀主義掛在心頭，這是為了驅除悲觀的思考
模式。所以你必須一直對快樂的事情保有自覺，如此努
力下去才行。

所謂人類的狀態，就是假如不把頑強不屈的樂觀主義本身奉為守則
中的守則，那麼最為黑暗的悲觀主義就會立刻成真。〈鬆綁〉

就算事情發展不如預期，也不要慌張。
焦躁只會讓結果變得更加糟糕。

若是做著自己分內的事情，即便進展不如人願，也不需
要感到慌亂喔。因為慌張跟擔憂的本質相同，都是毫無
意義的情感。

如果你想學習採取行動的話，不需要再推趕列車，因為沒有你它也
照樣會行進。你莫要推趕那莊嚴且泰然自若的時間，它每時每刻都
在讓全體的宇宙運行。〈忍耐〉

## 讓人露出笑靨是比自己掛上笑容更簡單的事。

創造一個讓自己待得舒服的場所，方法其實很簡單——
就是讓身邊的人都能夠心情愉悅。如果你讓一個人笑
了，接下來對方就會把笑容帶給你。

就我的經驗來說，比起支配自己的心情，操縱別人的心情要來得容
易許多。〈親切〉

說壞話是一種只會對人造成傷害的行為。

出自憤怒與焦躁的言語，除了傷害人心以外毫無意義。
所以別再這麼做了吧。

所有的壞話都是胡說八道。只要明白這個道理，也就是說──你明
白了辱罵裡不具備什麼需要去理解的內容。〈惡言惡語〉

跟傳染悲傷比起來，

你更該散播的是喜悅。

無論痛苦或是喜悅，這些情緒都會簡單地傳染到與你交
談的另一方身上。更重要的事情，就是把快樂或者喜悅
的心情傳達給身邊的人們，擴大幸福的圈圈吧！

當我們面對生活中的那些小小災害，要避免去談論、賣弄它以及加
油添醋。〈開心〉

如果感到心情好像要開始不佳，
就做個深呼吸吧。

在發生討厭事情的當下，嘗試去活動一下筋骨。伸展背
肌並舒緩肌肉，嘗試深呼吸一下吧。這似乎能將你的不
悅情緒全部趕出身體之外喔。

當人遇上事情時，就當洗了個舒服的澡讓它流淌而過。他們抖抖身
子、聳了兩下肩膀，然後伸展一下肌肉讓它們變得柔韌。人們把那
些事情像濡濕肌肉的內衣般一件一件脫掉，於是生命奔流就像崩堰
的泉水一樣暢流而出。〈某種治療法〉

## 請將能讓自己打起精神的
## 「魔法言語」納入手中吧。

無論何時都容易在心中不停打轉的討厭情緒——你有沒有預先準備一句魔法的話語,以把那些感情驅出心房呢?清楚地說出能夠使你變得積極的言語,將負面的情感掃出心門吧。

特別會搖晃困躓的東西,就是你心內的那些言語。由於它無法被發音出來,所以屢屢把我們投進愚蠢的觀念之中。〈精神保健〉

## 幸福與愛意也能強健你的身體。

身心互相影響的程度，遠超過我們的想像。你應該知道
一頓洋溢著愛心的飯菜，對健康很有幫助吧？因為那一
點就跟料理本身差不了多少，是為你準備菜餚那人所心
存的愛情，大幅發揮了作用喔。

如果有憎恨來為料理調味這種事發生的話——喔喔，欠缺考慮的閱
讀者們啊，你們能夠期待能從這一餐中吸取到如何的養分呢？〈獻
給母乳的禮讚〉

並不是因為幸福所以才浮現笑容，
而是笑屬為你帶來幸福的喔。

為了得到幸福，你需要行動以製造些許契機。雖然小孩子們的笑聲本身並不具任何意義，但他們光是只憑歡笑這個舉動，就能夠有好心情的模樣看上去很幸福呢。

幼童第一次笑的時候，那個笑容並沒有表現出任何情緒，他們不是因為感到幸福才笑的。我想，不如該說他們是因為笑了起來才感覺到幸福的。〈友情〉

預想終歸只是種預測，
所以不要對起身行動心懷恐懼。

行動是一種賭局，而下賭注需要的是決心。因此假使你
做出一項決斷，後悔就已然毫無意義。在下定決心之
前，你絕不會知道賭局的答案。所謂存活於人世間這回
事，就是在每個瞬間，都不斷地重複著打賭以及做出抉
擇。

實際付諸行動的好處，就在於它能夠讓人們忘卻那個沒有成真的決
心。〈關於優柔寡斷〉

## 知道什麼是自己該做之事的人很強悍。

為自己訂立規章並遵循它的這件事，就是為了得到幸福的重要一步。假使遵從規範，就不會有多餘的心思去湧生無謂的迷惑。以那種方式行動的人們，正在一點一滴地接近幸福。

定規是種討人喜歡的東西。反之，當人們欠缺規範時會感到不快，並由於優柔寡斷引發的無所適從而做出荒唐的行為。〈儀式〉

「感謝」這份心情，
能為多到令人意外的人們帶來幸福。

試著用笑容來面對餐廳的店員吧。因為受到你以笑相迎
的店員，一定也會掛上笑臉面對其他的客人。擴大那朵
笑靨的傳播範圍，不是件很了不起的事嗎？

你進入一間餐廳裡，用敵視的眼神投向鄰客，甚至還瞪著菜單、睨
視服務生，然後一切都因為這些行為而毀了。怒容從一張臉移至另
一張臉上，你身邊所有的事情都發生了衝突。〈新年〉

當你展露笑顏之時，對方也會以笑容回應。
而後，這會讓所有人的笑臉更加燦爛。

對沒那麼親密的人所露出的笑容，說不定只是為了討好
對方的諂笑罷了。儘管如此，它卻能夠確實地發揮效
果。

我會原原本本地接受他人所做出的表情，這是最好的做法。而且愉
快的表情，會讓展現這般情緒的人感到快樂，這是再真實不過的事
了。〈誓言〉

放鬆身體吧，

這麼一來你就能笑得很自然喔。

最重要的一點，就是放鬆身心。因為面對一張緊繃的笑
容，人們就只會僵笑以對。讓自己能浮現出自在的微笑
那樣，放得輕鬆一點吧。

一個沒禮貌的男人就算獨自一人時，也還是不會遵守禮儀。即便是
再小的動作他也會控制得力道過當。他令人感受到僵化的情緒，以
及名為怯懦的自我恐懼。〈禮儀〉

散發輕鬆氛圍的人，
能讓周遭的人們感到安心。

一張放鬆的笑臉，具備著能讓人忘卻警戒心的力量。人
們將會從那一刻開始交換笑容，最後也會逐漸萌生出幸
福。

優雅是一種不會驚擾與傷害到他人，幸福的表現與舉止。而且這種
美德對幸福來說，十分重要。〈處世之道〉

能夠保持好心情的人，
也會讓他人心情愉悅。

做著自己喜歡的事情、擁有愉快情緒的人，他們的行為
舉止還有講話方式，都能夠簡單地讓周圍的人們也變得
快樂。

這就是我想對禮儀抱持的看法——它不過是面對激情的體操罷了。
禮儀端正這件事，意味著透過一切的舉止和言語，來訴說或用表情
示意下面這句話——「別焦躁了，不要把自己生命中的這個瞬間給
搞砸」。〈引人開心〉

刻意打個呵欠吧，
這麼一來你的心情也會隨之轉換。

要想改變心情，唯有簡單的方式才重要。但知道那個方法的人，說不定少得令人意外呢。你也把這個方法告訴周遭的人們吧。

誠如大家所知道的那樣，伸展肌肉、悠閒地打著呵欠是一種幸福。然而，沒有任何人想到可以試著用體操來達到同樣的效果。〈醫者柏拉圖〉

永遠笑臉迎人，
那說不定是一帖萬靈藥喔。

疾病是一種幾乎完全等同於心情引發的狀況。所以根據
相反邏輯上的理由，它甚至能經由心靈來救治。愉悅與
希望這兩樣東西，是比任何醫生都能引導你走上健康之
路的良藥。

所謂快樂這項東西，無論跟多麼厲害的良醫相較，都比其更能夠從
內部巧妙地對肉體採取措施。〈健康的方法〉

## 所謂幸福，就是人心應有的狀態。

幸福是靠自己製作出來的東西。即使你想從外界尋求幸福，它也絕對不存在，因為它是由你本身所製造。跟他人比較幸福的程度，是一件毫無意義的事情。

幸福就只有在被你緊握於手中之際才是幸福，假若你在自身以外的世界中去找尋它，就絕不會發現任何看似幸福的東西。〈勝利〉

擁有非做不可的事，
那樣就是種幸福。

我該做的就是這件事——如果那麼想的話，你就已經得
到幸福了。不再需要徬徨，接下來只要全力以赴的話就
可以了。

竊以為詩人與所有的藝術家們，會根據幸福這項東西，來知曉自己
辦得到與辦不到的事情。〈詩人〉

若是予人幸福的話，
自己也會跟著變得幸福。

一旦你將幸福帶給他人，它就會膨大起來並反饋到你身上。人類就是交換彼此的幸福而生活著。因此，希望你能早點去尋找自己僅僅藉由與人交換它，就能充盈幸福的那副模樣。

那些人為了將幸福帶給眾人，在他們的心中必須保有幸福才行。
〈幸福是美德〉

顯示自己正身處幸福之中，
就是所謂回應愛情的方式。

讓愛著自己的人看到你幸福的模樣，這就是讓對方知道
他的愛情有確實傳遞到你身上的信號。向彼此展現這樣
的訊號，不斷地變得幸福吧。

這一點大家總說得不夠──我們能為愛自己的人們所做出最好的
事，果然就是得到幸福讓他們看。〈幸福如此慷慨〉

微小的辛勞，如果不掛在嘴上就會立刻忘記。
所以這就是別發牢騷的原因。

勞苦跟悲傷會藉由言語的傳播而擴大，化作真正令你煩惱的型態。因為相反地，你若是連說也不說，就會很快地遺忘它們。請你今後從嘴裡吐露的話語，全部都是好話吧。

假設你不提起自己的艱辛之處——即便這麼說，也只不過是些小煩惱——你就不會老是對它們耿耿於懷了吧。〈得到幸福的方法〉

不但擁有幸福，
還能再將幸福分享出去的人相當厲害，
那樣的人也會從周遭眾人身上得到喜愛。

世間充盈著不幸跟悲苦。而能改變那種社會氣氛的人，
就是能夠分享幸福的人物。有那種特質的人會得到身旁
大家的喜愛，變得更加地幸福。

有件事情總是被強調得還不夠，那就是保持幸福也是一種對他人應
盡的義務。只有處於幸福狀態的人才會被愛──這句話說得十分恰
當。〈獲得幸福的義務〉

要是不對追求幸福這件事抱持強烈慾望，
你就絕對獲得不到它。

幸福終究是種意志力。要是能戰勝湧生而出的懦弱心
情、控制自己無論何時都處於好心情的話，就能夠得到
幸福。而且，持續保有堅強意志的方法意外地簡單，你
已經掌握到它了對吧？

正確來說，脾氣這東西總是壞的，而所有的幸福都來自於意志對脾
氣的抑制。〈應當起誓〉

# Kiki & Lala 讀幸福論

| | | |
|---|---|---|
| 作　　　　　者 | 朝日文庫編輯部 |
| | Sanrio Company, Ltd. |
| | (1-6-1 Osaki, Shinagawa-ku, Tokyo, Japan) |
| 執　行　　長 | 陳君平 |
| 榮　譽　發　行　人 | 黃鎮隆 |
| 協　　　　理 | 洪琇菁 |
| 譯　　　　者 | 陳瑈 |
| 美　術　總　監 | 沙雲佩 |
| 美術指導&設計 | Yuko Fukuma |
| 公　關　宣　傳 | 施語宸 |
| 國　際　版　權 | 高子甯、賴瑜妗 |

出　　　版　城邦文化事業股份有限公司　尖端出版
　　　　　　臺北市南港區昆陽街16號8樓
　　　　　　電話：(02)2500-7600　傳真：(02)2500-1971
　　　　　　讀者服務信箱：spp_books@mail2.spp.com.tw

發　　　行　英屬蓋曼群島商家庭傳媒股份有限公司
　　　　　　城邦分公司　尖端出版行銷業務部
　　　　　　臺北市南港區昆陽街16號8樓
　　　　　　電話：(02)2500-7600(代表號)　傳真：(02)2500-1979
　　　　　　劃撥專線：(03)312-4212
　　　　　　劃撥戶名：英屬蓋曼群島商家庭傳媒(股)公司城邦分公司
　　　　　　劃撥帳號：50003021
　　　　　　※劃撥金額未滿500元，請加付掛號郵資50元

法　律　顧　問　王子文律師　元禾法律事務所　臺北市羅斯福路三段37號15樓

臺灣地區總經銷　中彰投以北(含宜花東)　楨彥有限公司
　　　　　　電話：(02)8919-3369　傳真：(02)8914-5524
　　　　　　雲嘉以南　威信圖書有限公司
　　　　　　(嘉義公司)電話：(05)233-3852　傳真：(05)233-3863
　　　　　　(高雄公司)電話：(07)373-0079　傳真：(07)373-0087

版　　　次　2019年4月1版1刷
　　　　　　2024年8月1版4刷
I　S　B　N　978-957-10-8522-7

版　權　聲　明　KIKI & LALA NO "KOUFUKU RON" SHIAWASE NI NARU TAME NO 93 STEP
　　　　　　© ASAHIBUNKO HENSHUBU 2014
　　　　　　© 2024 SANRIO CO., LTD. TOKYO, JAPAN Ⓗ
　　　　　　Originally published in Japan in 2014 by Asahi Shimbun Publications Inc.
　　　　　　All rights reserved.
　　　　　　Traditional Chinese translation copyright © 2019 by SHARP POINT PRESS,
　　　　　　a division of Cite Publishing Ltd.
　　　　　　No part of this book may be reproduced in any form without the written permission of the publisher.
　　　　　　Traditional Chinese translation rights arranged with Asahi Shimbun Publications Inc.,
　　　　　　Tokyo through AMANN CO., LTD., Taipei.

國家圖書館出版品預行編目（CIP）資料

Kiki&Lala讀幸福論 / 朝日文庫編輯部著；
SANRIO肖像著作. -- 臺北市：尖端, 2019.04
　面；　公分
　ISBN 978-957-10-8522-7(平裝)

1.阿蘭(Alain, 1868-1951) 2.學術思想 3.幸福
146.73　　　　　　　　　　　　108002533